科学少年奇遇记

广西壮族自治区科学技术馆　编

中国妇女出版社

图书在版编目（CIP）数据

科学少年奇遇记 / 广西壮族自治区科学技术馆编.
北京 ：中国妇女出版社，2025.6. —— ISBN 978-7-5127-2465-5

Ⅰ. Z228.2

中国国家版本馆CIP数据核字第2024RF6293号

项目统筹：应 莹
责任编辑：张凌云
封面设计：李 甦
责任印制：李志国

出版发行：中国妇女出版社
地　　址：北京市东城区史家胡同甲24号　　邮政编码：100010
电　　话：（010）65133160（发行部）　　65133161（邮购）
网　　址：www.womenbooks.cn
邮　　箱：zgfncbs@womenbooks.cn
法律顾问：北京市道可特律师事务所
经　　销：各地新华书店
印　　刷：小森印刷（北京）有限公司

开　　本：145mm×210mm　1/32
印　　张：5.5
字　　数：78千字
版　　次：2025年6月第1版　　2025年6月第1次印刷
定　　价：59.80元

如有印装错误，请与发行部联系

让科学精神在故事中生根发芽

翻开《科学少年奇遇记》，我仿佛回到对万物充满好奇的少年时代，“化身”为故事主角，历经了一场充满奇趣的科学旅程。这部作品以冒险故事为载体，把共振、丁达尔效应、伯努利原理等生活中常见的科学原理巧妙地融入故事情节，不仅是一场扣人心弦、引人入胜的探索之旅，更是一堂寓教于乐、生动有趣的科学体验课。

许多孩子的梦想是成为一名科学家。科学家具有强烈的好奇心，对未知的世界和事物有一种打破砂锅问到底的探求精神。在我看来，科学家和孩子有着相同的品质，即好奇心和求知欲。从某种意义来说，孩子是“天生的科学家”。

从“天生的科学家”到“真正的科学家”，中间的道路还很漫长，这也是广大科普工作者最好的用武之地。作为长期关注青少年科学教育的学者，我深感这部作品的珍贵——它用故事激发科学兴趣，用实验验证科学原理，给予孩子们情景化、体验式的科学启蒙。

通过阅读这部作品，孩子们可以学习如何进行实验观察的技巧、逻辑推理的方法，领略科学思维的魅力和科学方法的应用，从而逐步了解、熟悉科学家的思维模式和工作方式。在享受阅读乐趣之余，孩子们心中的科学种子也潜移默化得以滋养，积蓄起在科学世界中展翅高飞的力量。

难能可贵的是，这部作品是在长期的基层科普服务中打磨而成的，它汇聚了科技馆的科技辅导员们对科普的热情与智慧，能够准确地把握科普教育的方向和重点，深入了解适龄孩童的兴趣和认知发展规律。在创作过程中，他们不仅严谨求实，确保科学知识的准确无误，还倾注大量心血于故事的构思与叙述，为孩子们精心编织一场生动绚烂的科学探索之旅。

在此，我向每一位热爱科学、勇于探索的青少年朋友推荐《科学少年奇遇记》。愿这部作品如同一束灯光，照亮你们探索科学的道路，激发你们对未知世界的好奇与热情，引领你们在科学的浩瀚海洋中自由翱翔。同时，衷心希望这部作品能够成为科普教育一颗独特的星辰，照亮更多青少年的科学梦想，为培养具有创新思维和创造力的新一代科学人才贡献独特的力量。

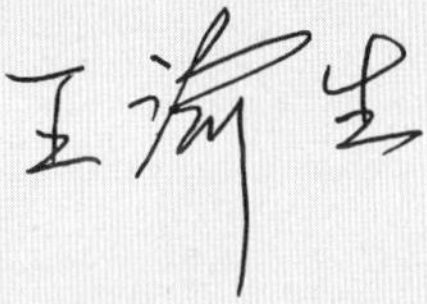

中国科学院博士　教授　博士生导师

中国科技馆研究员　原馆长

国家教育咨询委员会委员

编者按

亲爱的少年朋友们，当你们翻开《科学少年奇遇记》，就踏上了一段充满奇遇的科学旅程。这部作品的诞生，源于广西科技馆一部备受欢迎的自编自导大型科普舞台剧，它不仅承载着我们对科普的不懈追求，更寄托了我们对年轻一代科学精神培养的殷切期待。

科普是国家创新体系的重要组成部分，是实现创新发展的基础性工作。回顾创作历程，我们始终秉承“科学普及与科技创新同等重要”的初衷，旨在通过生动有趣的展现形式，把科学知识融入故事情节，创作出既富含科学精神又具有普惠价值的科普作品，让孩子们在阅读的过程中激发好奇心和探求欲，深刻感悟科学精神的内涵。

我们希望书中鲜活灵动的文字语言，可以构筑起奇幻有趣的科学场景，让孩子们能够随时随地开启这段科学奇遇——当读者跟随主角破解重重谜题，收获的不仅是科学知识的拓展，更是科学思维的萌芽绽蕊：观察现象时的细致全面、推导结论时的严谨客观、面对困难时的执着坚守……这些都是科学精神的生动体现。

《科学少年奇遇记》是一个兼具趣味性与科学性的科学探索故事，更是一部关于成长、勇气与智慧的作品。它告诉我们，科学不仅是书本上的知识，更是我们克服困难的“利器”，是我们探索世界的“钥匙”。我们希望通过这本书，点燃孩子们心中的科学火花，引导他们走上科学探索的道路，为国家科技进步贡献新生力量。

我们期待着，《科学少年奇遇记》能够成为更多科学少年心中的良师益友，陪伴大家度过一段充满乐趣与收获的科学探索时光。

目录

苏博士

科学家、发明家，是科学与智慧的化身。他拥有聪慧的头脑，擅长发明创造，鼓励小朋友们勇敢探索，坚持不懈。

嘉嘉

聪敏机智，热爱科学，喜欢钻研，是个“小学霸”。虽然运动细胞不够发达，但是她遇事沉着冷静，能在危急时刻开动脑筋，总结学到的科学知识，想出很多好主意。

橙橙

嘉嘉的好朋友。聪明伶俐，喜欢做科学实验，有点儿急性子，身体素质好，是个“运动达人”。虽然遇事容易着急，但关键时刻也会急中生智，对科学的信念让她面对困难从不放弃、不退缩。

黑巫师

苏博士的弟弟，总会出现在充满愚昧和迷信的地方，喜欢装神弄鬼、迷惑大众。

女巫

黑巫师的手下，自称迷藏森林的主人，活了上千年，擅长杯中藏人巫术。她的真身是一个火焰女巫。

玩球小丑

专门给黑巫师做球类表演的人，也为黑巫师守门，是黑巫师城堡的守卫。

小丑骑士

黑巫师城堡的另一位守卫，专门给进入城堡想见黑巫师的人出难题，让他们知难而退。

小丑马仔

小丑骑士的跟班，总是借小丑骑士的威力吓唬来访者，其实性格极其胆小。

第一章

拜访苏博士

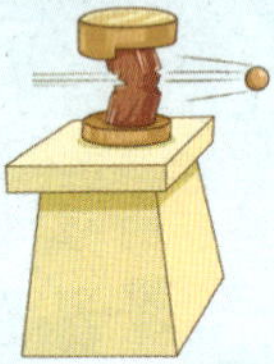

“快点儿，嘉嘉，苏博士都快等急了！”一个大眼睛、扎辫子的女孩焦急地催促着身后的好朋友。她叫橙橙，不管做什么事都是急脾气。

“别急呀，橙橙，”短发女孩不紧不慢地说，“你看，苏博士的新实验室不就在前面吗？”这个女孩是橙橙最好的朋友嘉嘉，性子沉稳很多。

嘉嘉三步并作两步，很快追上了好朋友橙橙。不一会儿，两个女孩在一幢巨大的白色圆形建筑的院门口停下了脚步。

“这就是苏博士新搬的实验室吗？太气派了吧！”橙橙东张西望，一脸兴奋。

“看来苏博士又要进行新发明了。咱们正好趁着放假可以给他做助手。”嘉嘉也很开心。

这时，门口的对讲机忽然传来一个声音：“哈哈，你们终于来了！快进来吧，两位贵客！”

院门慢慢地打开了，橙橙和嘉嘉沿着一条石子路，蹦蹦跳跳地走进了圆形建筑。

刚进到门厅，两个女孩就发现周围烟雾弥漫，接着，几束五彩光线从房顶上空倾泻而下，让人仿佛置身于一个五彩斑斓的神奇世界。

太漂亮了！两个人还震惊于美妙的“梦境”中，这时，一位身穿白大褂的胖老头儿穿过五彩光线走了过来。只见他满头白发，脑门宽阔，笑容慈祥，戴着奇怪的“半副”眼镜，显得神秘又有点儿滑稽。

“欢迎欢迎！亲爱的小伙伴！”

“苏博士！”两个女孩异口同声地叫起来。

“哈哈，怎么样？喜欢我的欢迎仪式吗？”苏博士笑着问道。

“太神奇了！”嘉嘉激动地说，“我好像到了一个光的世界！”

“苏博士，这是不是你说过的**丁达尔效应**？”嘉嘉问道。

“不错！在这里，光有了自己的形状。”苏博

士很欣慰，两个孩子一直跟着他学习各种科学知识，观察、动手实践、解决问题的能力都得到了很大提升，“跟我进来吧，让你们参观一下我全新升级的实验室。”

苏博士带她们走到了实验室门口。这时，橙橙看到实验室的密闭门旁边有个红色的按钮，马上自告奋勇：“苏博士，这是大门开关吧？我来我来！”

“等等！”苏博士大喊一声，可是为时已晚。

橙橙刚按下红色按钮，无数的乒乓球从四面八方飞来。“哇……呀……”橙橙、嘉嘉和苏博士被“打”得措手不及，抱头乱叫。

“快卧倒！”苏博士喊道。三个人全部扑倒在地，过了好一会儿，“小球飞弹”终于停了下来。

苏博士趴在地上，尴尬地说：“这，这是我新

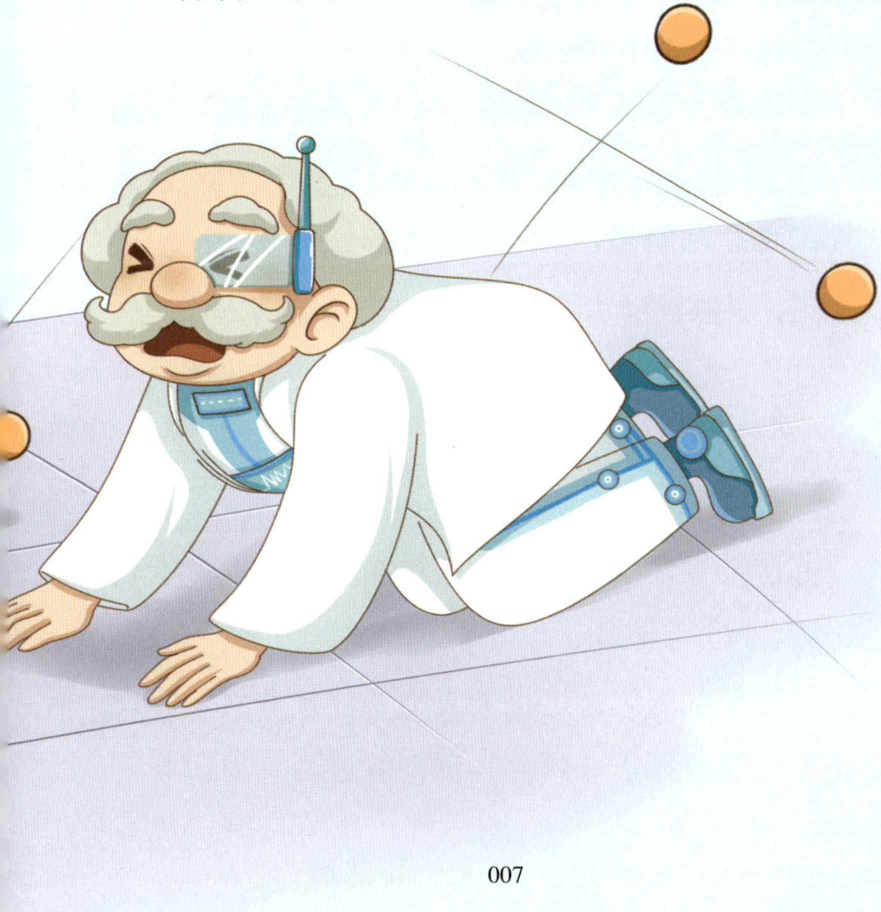

安装的防盗设备：漫天飞球。利用鼓风机水平吹出气流，减小管内压强，让大气压强把乒乓球压入管道，从而使乒乓球像炮弹一样喷射出去。现在我只是用乒乓球代替飞弹来做初步的测试和调整……”

“幸好真正的飞弹还没试验成功……”嘉嘉揉着被击中的胳膊，庆幸地说。

“对不起呀，苏博士……”橙橙摸着被打疼的脑袋，觉得特别不好意思。

橙橙和嘉嘉在苏博士的带领下进入了圆形实验室内部。实验室的空间非常大，里面放满了各种仪器，上面闪烁着不同颜色的光，让人眼花缭乱。两人看看这边，又瞧瞧那边，不停地赞叹着眼前的一切。

“你们想不想看看我的新发明？” 苏博士笑着问道。

“想！”两个人期待极了。

苏博士带她们来到一个被白布盖着的庞然大物前，然后拉开了盖布。

“这是气压炮。这根亚克力管连接着真空泵，管子里已经放入了一颗乒乓球，管道两头用薄膜密封，而在管子正对的方向，我放了一个易拉罐。现在我们把管内抽真空。”

“博士，”嘉嘉问，“我记得您说过，正常情况下，我们所处的外部环境是在一个大气压下，当管子内被抽真空后，管内气压接近零，那么管子外部是不是就比内部高一个大气压？”

“不错。”苏博士点点头，“那如果我们用一把剪刀突然戳破薄膜呢？”

“那样的话，空气就会从外部的高压区冲向管内的低压区，压力就会到达乒乓球……”橙橙一边分析着，一边忍不住问，“苏博士，那这个易拉罐会怎么样？”

苏博士说：“揭晓答案之前，我们先做好安全防护措施。来，嘉嘉、橙橙，戴好防护镜和耳罩。”

三个人各自戴好防护镜和耳罩，苏博士拿起剪刀，一下子戳破了薄膜。只听“砰”的一声，易拉罐被乒乓球击穿了！

“太神奇了！”橙橙喊道。

“想不到，一个气压差有这么大的威力！”嘉嘉感叹道。

“你们再来看看这个。”苏博士指着右边的大铁球说，“橙橙，你戴上手套，帮我固定住漏斗，我要从这儿往球里倒入一种液体。”

“这是什么呀？怎么还冒白烟？”嘉嘉问。

“这是液氮。”苏博士回答，“液氮的温度极低，我们只需要观察球上的白霜，就能推测出加了多少液氮。”

苏博士用手轻轻拨弄旋转铁球，铁球越转越快。苏博士介绍说：“这叫液氮动力球，利用的是反冲力原理。

由于离心现象的作用，液氮与大铁球接触面积增大，蒸发速度加快，喷嘴排出的氮气速度也加快，不断地产生反冲推力，就能使大铁球越转越快。”苏博士越讲越兴奋，“说到反冲力，这可厉害了，它能

让飞机升空，让火箭发射……”

“苏博士！”

苏博士还没介绍完，话就被橙橙打断了。只见她指着面前一个空空的展柜，满脸惊讶地问：“苏博士，这封信也是您的新发明吗？”

苏博士赶忙走过去。这个玻璃柜本来是存放苏博士制作的永生花的展柜，可是现在柜子里却空荡荡的，只有一封信孤零零地留在里面。

苏博士大吃一惊，连忙把信拆开……

苏博士的小实验
丁达尔效应

实验准备

一个透明玻璃杯、一盒牛奶、一杯清水、一根筷子、一支激光笔

实验步骤

1. 往玻璃杯里倒入清水，将激光笔放在玻璃杯的一侧，对准清水打开激光，这时你观察到了什么？

2. 往玻璃杯中倒入少量牛奶，注意不要倒太多，让水看起来有点儿混浊即可。将激光笔再次放在玻璃杯一侧，将激光射向杯内，这时你又观察到了什么？

实验结果

将激光射向杯内的清水时，你观察不到杯子内激光的情况。而将激光射向掺入牛奶的水时，你能清楚观察到激光在杯内的通路。这就是丁达尔效应。

实验原理

当光在传播中遇到微粒时，如果粒子小于入射光波长，就会发生光的散射，这时观察到的是光波环绕微粒而向其四周放射的光，称为散射光或乳光。丁达尔效应就是光的散射现象，或称乳光现象。

注意：使用激光笔时，请不要直接照射眼睛，并在大人在场情况下使用。

第二章

失窃的永生花

苏博士打开信，上面这样写道：

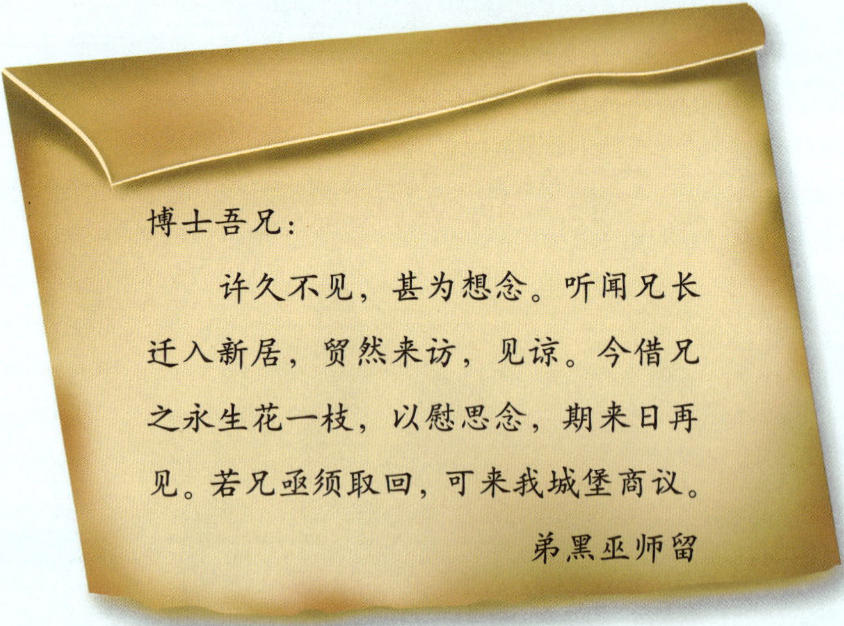

博士吾兄：

许久不见，甚为想念。听闻兄长迁入新居，贸然来访，见谅。今借兄之永生花一枝，以慰思念，期来日再见。若兄亟须取回，可来我城堡商议。

弟黑巫师留

“可恶！”苏博士将信揉成一团，神情十分凝重。

“苏博士，黑巫师是谁？”嘉嘉和橙橙疑惑地问。

“唉，他……他是我的弟弟。”苏博士无奈地向两个孩子讲述了他和黑巫师的故事。

苏博士和黑巫师虽然是兄弟，但是两人性格迥异。苏博士很小的时候就对身边的一切充满好奇，喜欢钻研和探究。长大后，他便以探索世界真相为己任，不断追求科学和真理。苏博士不停地研究数学、物理学、化学、生物学，以及一切能够揭示世界运行规律的科学，立志为人类社会的进步和发展作贡献。苏博士的弟弟——黑巫师却恰恰相反，他从小性情顽劣，调皮捣蛋，喜欢破坏一切。长大后的黑巫师也总是装神弄鬼、掩盖真相、迷惑人们，使相信他巫术的人陷入愚昧和迷信的世界。他有一座黑暗城堡，城堡四周阴森恐怖。他常常在城堡里独自研究恶毒的魔法。

为了警示世界，防止人们坠入黑暗的愚昧世界，苏博士耗费半生心血制作出永不凋谢的**永生花**，将他所知道的一切知识浓缩其中。永生花蕴含着巨大能量，如果被热爱科学的人所拥有，它就能帮助人类走向光明的未来；而一旦被黑巫师这样的人拿走利用，科学很可能会堕入无边的黑暗，人们将永远探索不出世界的真相，后果不堪设想。

嘉嘉和橙橙听完苏博士的讲述，不禁冒出一身冷汗。可是现在永生花已经落入黑巫师的手中，这可怎么办呢？

苏博士重新展开被揉得皱巴巴的信盯了一会儿，

缓缓说道："黑巫师信上说，如果想要回永生花，就得去城堡见他，也就是他的黑暗城堡。"

"那咱们就去黑暗城堡！我才不怕他！"橙橙激动地喊道。

"对！"嘉嘉也坚定地说，"不管多难，咱们都要把永生花夺回来！"

苏博士欣慰地看着两个孩子，说："嘉嘉和橙橙，谢谢你们让我重新看到了希望。不过，我现在暂时不能离开实验室，因为有一个非常重要的实验项目，只差关键的一步就能完成了。"

苏博士沉思了一会儿，接着说："这样吧，你们先出发，我随后到。我想，等实验成功后，利用'那个东西'，我能立刻来到你们身边！"

"没问题！"两个人异口同声地说。

苏博士走到他的办公桌前，打开桌子上的一个银色金属匣，从里面取出一些东西，又把自己平时经常用的白色背包拿出来，一起交给了橙橙和嘉嘉。

"嘉嘉，这个是'本质眼镜'，戴上它能帮助你看清楚一切事物的本质。"苏博士说着，

将眼镜挂在了嘉嘉脖子上。

“哇！这副眼镜也太高科技了吧！”嘉嘉马上戴好眼镜，兴奋得上上下下地看向四周。橙橙迫不及待地问苏博士：“那我呢？我也想要一个。”苏博士笑着递过来一块手表：“橙橙，这是我刚调试成功的‘全息手表’，跟随上面的指针方向，你们就能找到黑暗城堡。另外，你们还可以用它与我随时保持联系——按下红键，我的影像就能投射到空气中，你们就可以和我面对面交流了。”苏博士把手表戴在了橙橙手腕上。

“这是我的‘科学背包’，”苏博士继续说，

“里面装着我的各种发明，这些都是微缩版，只要用全息手表对准它们，按下黄色键，就可以放大到你想要的大小。”橙橙力气大，主动背起了科学背包。

苏博士拍拍两个人的肩膀，说：“嘉嘉、橙橙，取回永生花、拯救人类的任务就交给你们了。这一路上你们会遇到许多艰难险阻，但是记住，只要你们齐心协力，遇到问题时像科学家一样，努力思考、勇于探索、坚持不懈，就一定能克服困难，取回永生花！”

“苏博士，请放心，我们保证完成任务！”嘉嘉坚定地说。

“苏博士，我们一定把永生花完好无损地带回来！”橙橙也信心满满。

苏博士把两个孩子领到门口，一边目送她们远去，一边在心里默念：“请你们一定平安归来！”

苏博士的小课堂

永生花

永生花被称为“永不凋谢的鲜花”。在现实生活中，我们也经常能看到它。永生花是使用玫瑰、康乃馨、蝴蝶兰、绣球等品类的鲜花，经过物理或化学保色，从而保留其原有色泽，再通过脱水、烘干等一系列复杂的工序加工而成。永生花无论是颜色、形状、手感，几乎与鲜花无异，在保持了鲜花的特质之外，更有着鲜花所不可比的保质期。永生花的“永生”是一个美好的寓意，实际保存时间为 3 ～ 5 年。

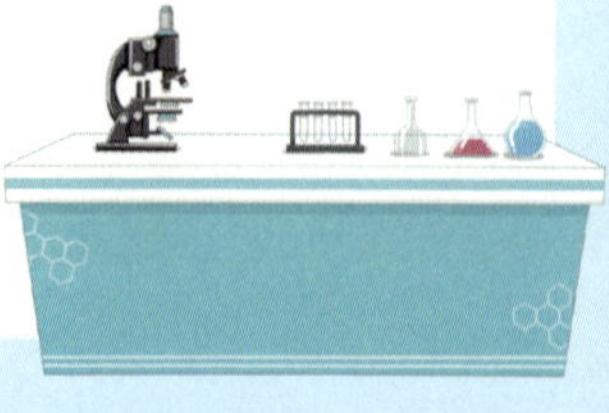

第三章

迷藏森林

橙橙和嘉嘉跟随着全息手表的指针方向一路前行，不久便走进了一片茂密的森林中。

“橙橙，等等我呀，别走这么快！”嘉嘉喘着粗气，体力有点儿跟不上了。

橙橙转身望着落后一大截的嘉嘉，大声喊：“嘉嘉，你快跟上。咱们任务艰巨，一定要抓紧时间赶路！”

橙橙说完，又继续加快了步伐。两个人的距离越来越远。

忽然，橙橙感觉一阵眩晕，好像马上要昏倒了。目光蒙眬中，她仿佛看见有个手拿玻璃杯的女巫向她走来，嘴里还嘀咕着什么。接着，她的大脑变得一片空白。

落在后面的嘉嘉远远看到走在前面的橙橙忽然消失不见了，只剩下一个奇怪的女巫站在橙橙消失的地方。她心急如焚，赶紧跑了过去。

“你是谁？我的好朋友橙橙呢？”嘉嘉一边东张西望，一边焦急地问。

“哈哈哈……”女巫可怕的笑声回荡在森林中。

“我是谁？我是迷藏森林的主人啊，你这个小家伙，来我的地盘也不跟我打声招呼，真是没礼貌！”

“迷藏森林？你凭什么说这是你的地盘？”

“哼哼，我已经在这里住了上千年，这一千年里，还没有人能不靠我帮忙自己走出迷藏森林呢。”

“你，你到底把我的好朋友怎么样了？”嘉嘉有些担心。

“好朋友？你是说背着白色书包的那个小女孩吗？哈哈哈……”女巫一边笑，一边晃动起手中的玻璃杯。

“哎哟，好晕啊！”不知从哪里传来橙橙的叫声。

“橙橙！”嘉嘉一阵惊喜，“你在哪儿？”

嘉嘉找了一圈，还是没有找到橙橙，不过她在附近的草丛里发现了橙橙背的科学背包。她生气地质问女巫：“橙橙的背包就在这里，你究竟把她藏

到哪儿了？”

“小家伙，脾气倒是不小。你的好朋友是在我‘手里’。如果你能找到她，我就考虑考虑让你们团聚。”女巫邪魅一笑。

嘉嘉闭上眼睛，尽量让自己赶快平静下来，突然头脑中就将所有的线索连起来了：晃动玻璃杯 —“好晕”— 在“我手里”……

“玻璃杯！是女巫手中的玻璃杯！”嘉嘉找到了答案。

女巫大吃一惊，她没想到眼前的小女孩居然这么聪明。

“看来我猜对了。现在赶紧放了我的朋友！”嘉嘉对女巫说。

“那可不行。我只是说可以考虑一下，没说一定会放啊！哈哈哈……”女巫更嚣张了。

“你……你言而无信！”嘉嘉气坏了。

“快跟我走吧！可惜我的玻璃杯装不下你了。你来给我拿着杯子，跟我回城堡去。”女巫又威胁嘉嘉，“给我老实点儿，别把杯子打碎了，否则你

的朋友也会碎掉的。”

嘉嘉不情愿地捧着玻璃杯，跟在女巫身后。忽然，她听到橙橙用很小很小的声音叫自己，原来橙橙这会儿终于完全清醒了。嘉嘉赶紧把玻璃杯放在耳朵边上。

“嘉嘉，我在晕倒之前听到女巫说，这是她新发明的巫术，无人能解，除非有人能在不用任何东西接触杯子的情况下让杯子破碎，困在里面的人才能出来。你快想想办法！”橙橙着急地说。

“别急，橙橙，让我想一想。”嘉嘉沉思片刻，忽然想起苏博士曾经讲过“声波碎杯”的故事：只要能发出和玻璃杯固有频率相同或相近的声波，使玻璃杯产生**共振**，当共振达到一定程度时，玻璃杯就会自动爆裂。

嘉嘉悄悄地从背包里找出微缩声波炮，又对杯子里的橙橙说：“按一下

手表按键，看看能不能把声波炮放大。”

橙橙按下了手表的黄色键，声波炮在嘉嘉手心里马上变成手枪般大小了。嘉嘉看到前面的女巫对身

后的一切毫无察觉，赶紧进行下一步行动。

她戴上本质眼镜观察玻璃杯，得知杯子的固有频率是 637 赫兹，便赶紧调节声波炮发出与玻璃杯同等频率的声波，接着对准玻璃杯——

嗞嗞！哗啦！

杯子竟然碎掉了，橙橙也变回了原来的大小。女巫听到声音，回头看时已经晚了。

“可恶！居然能破掉我的‘杯中藏人’，我可是潜心研究了几十年啊！”女巫气急败坏地说。同时，她的全身开始变得越来越红，仿佛要燃烧起来。

“嘉嘉，快看看她究竟是什么真身，咱们得赶紧解决掉她！”橙橙说。

“好！”嘉嘉戴上眼镜一看，原来这个女巫的真身是火焰！

橙橙也意识到她们遇到的是“火焰女巫”。

“咱们可以用声波灭火法，也就是用特定频率的声波干扰空气的流动，减少火焰燃烧所需要的氧气供应。”嘉嘉建议。

橙橙再次按下手表的黄色键，嘉嘉手里的声波炮立刻变成一米多长的大家伙。橙橙和嘉嘉合力将声波炮对准女巫——砰！

“啊——”女巫一声惨叫，顿时化为一团火焰消失了！

苏博士的小实验

共振

实验准备

两个相同的高脚杯、一杯清水、一根牙签

实验步骤

1. 向其中一个高脚杯里倒入清水，用一根手指蘸水，在高脚杯口边沿旋转摩擦，你听到了什么？

2. 往另一个高脚杯里也倒入等量清水，杯口上横放牙签，放在第一个高脚杯旁边，现在用手指蘸水在第一个高脚杯口边沿再次摩擦，这时你又观察到了什么？

实验结果

用手指蘸水在高脚杯口边沿摩擦时，杯子和水振动发出嗡嗡的声音。两个高脚杯并排实验时，如果两个杯子的固有频率接近，我们会看到第二个高脚杯杯口上的牙签发生了移动。

实验原理

每个物体都有固定的振动频率，它们在振动的同时会以能量波的形式向外扩散。当一个高脚杯受到摩擦产生振动传到另一个高脚杯时，如果两个杯子的固有频率相同，另一个高脚杯就会发生共振，从而两个杯子一起振动起来，甚至会发出奇妙的声音。

第四章

点亮能量球

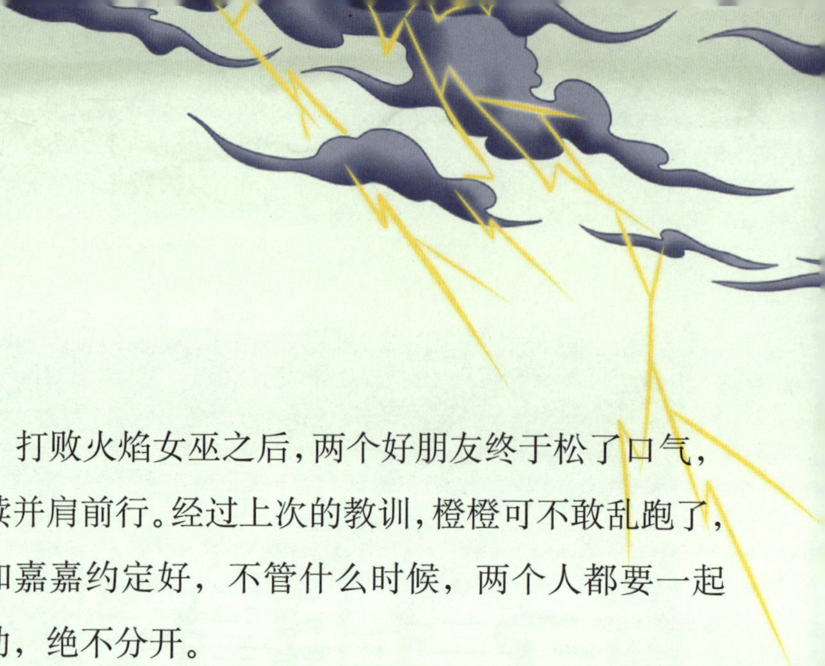

打败火焰女巫之后，两个好朋友终于松了口气，继续并肩前行。经过上次的教训，橙橙可不敢乱跑了，她和嘉嘉约定好，不管什么时候，两个人都要一起行动，绝不分开。

迷藏森林太大了，仿佛永远也走不到头，两个女孩穿行了好久好久，依然没有走出去。就在她们的耐心快被消磨殆尽的时候，一阵清爽的风拂面而来，女孩们向前跑了几步，眼前豁然开朗——森林终于消失了，空旷的土地上耸立着一座阴森可怖的山，而山的顶端矗立着一座黑色城堡。

这时，橙橙的手表发出了嘀嘀的声音，全息手表的指针正好对准了黑色城堡的方向。

“找到了！”橙橙和嘉嘉激动地喊道，“是黑暗城堡！”

两人一鼓作气，用最快的速度跑到山脚下，接着便向山顶进发。然而通往山顶的路并不顺利，山路崎岖泥泞，沿途还有狂风呼啸，有时甚至电闪雷鸣，但这些困难都没有动摇她们登顶的决心。她们互相给对方打气，手牵手一路向前，大约半天的工夫，她们终于到达了山顶，来到了黑暗城堡的门口。

“黑巫师一定就在里面了！”嘉嘉擦了擦额头的汗，语气很肯定。

“嗯！”橙橙一边用手揉着膝盖，一边点点头，她虽然体力好一些，但双腿也累得酸痛。橙橙明白，这会儿还有个问题很伤脑筋：现在要怎么进去呢？要是敲门的话，黑巫师肯定不会开门呀！

“哇哈哈哈哈……”

忽然，不知从哪里传出一阵可怕的笑声。橙橙和嘉嘉吓了一大跳，她们定了定神，四处打量着眼前的大门，找了好半天，才发现大门上雕刻着一个奇怪的怪兽头像，它的嘴巴真的在动，而笑声就是从这里发出的。

“就凭你们两个小孩，还想进入黑暗城堡？哼！”怪兽的嘴巴果然又动了起来。

“你，你别小看人！”橙橙对着怪兽大喊，“科学的力量能帮助我们打败一切！”

“对！”嘉嘉也赞同地喊道。她也不想在气势上输给怪兽。

“哼，那就让我看看你们有什么能耐吧！”怪兽瞥了瞥眼前的两个小孩，“也不妨告诉你们，要想进入黑暗城堡，必须找到两个能量球，并且点亮它们。”

“能量球？能量球在哪里？”嘉嘉问道。

“你快说！能量球在哪儿？”见怪兽不再说话，橙橙有些着急了。

此时，无论她们怎么质问，怪兽都沉默不语。橙橙心急如焚，她四处望了望，从地上捡起一块手掌大的石头，准备向怪兽扔去。就在这时，怪兽的

嘴巴缓缓张开，而且越张越大，像一个黑洞。接着，里面飞出一长串黑色气球，把大门挡得严严实实。

“这是什么啊？”橙橙惊讶地问。

“这会不会和能量球有关系？”嘉嘉猜测道。

“不管了，既然挡住了咱们的路，咱们就先把这些气球刺破再说！”橙橙打开科学背包，在里面翻找着。

“就是这个！”嘉嘉看到了书包里的微型激光笔，兴奋地喊道，“博士说过，激光的能量强大，

还有聚焦能力，利用激光将能量聚焦到气球表面的小区域内，就能一次性击破气球！”

“好！就用这个！”橙橙把激光笔拿出来，用手表把它变成需要的大小，然后对准了气球。

啪啪啪啪……黑色气球一下子被激光全部击破了。这时，两个透明的水晶球浮现在空中。

“这一定就是能量球！”橙橙拍了拍脑门，兴奋地说。

“怪兽说要点亮能量球，它们悬浮在空中，咱们怎么才能点亮它们呢？”这次，嘉嘉也不知道怎么办了。

橙橙盯着手腕上的表，忽然又想出了个主意：“要不，咱们问问苏博士吧！你还记得吗？用这个全息手表，可以随时联系到博士。”橙橙建议道。

“好！”嘉嘉点点头。

橙橙立刻按下了手表的红色按键——苏博士的投影在空中出现了！

“苏博士！”嘉嘉和橙橙激动地喊。

“嘉嘉和橙橙，你们还好吗？遇到了什么困

难？”苏博士关切地问。

橙橙和嘉嘉将之前的经历，以及现在遇到的困难一五一十地告诉了苏博士。苏博士欣慰地说：“你们很棒啊，用科学解决了这么多问题，我真为你们高兴！现在，让我来帮你们分析一下眼前的问题。我猜测，这两个能量球应该是某种能源装置，需要有原始能量，才能点亮它们。”

博士又沉思片刻，

然后对橙橙说："橙橙，我的科学背包里有一个充满电的莱顿瓶，你们可以试试用它来点亮能量球。孩子啊，相信自己的力量，你们一定可以圆满解决的。"接着，苏博士的投影便消失了。

橙橙赶紧从书包里找出莱顿瓶，用手表将它放大。不过，接下来又出现了一个难题：怎么才能把莱顿瓶里的电传送到能量球里呢？

"用金属丝导电！"两个女孩不约而同地想到了办法。橙橙又从科学背包里找出一卷导电的金属丝，将它捋直，准备把一头接在莱顿瓶口，另一头

伸出去接在悬浮在空中的能量球上。

“等一等！”嘉嘉忽然阻止了橙橙，“这样做太危险了！你忘了吗？人体也是可以导电的，如果直接用手去接触带电的东西，会怎么样？”

“会，会触电。”橙橙惊出一身冷汗，“幸亏你提醒了我，不然我就要被电晕了！”橙橙赶紧找出一副橡胶手套戴上，然后再用金属丝去连接莱顿瓶和能量球。

能量球果然瞬间被点亮了！就在能量球被点亮的一瞬间，黑暗城堡的大门也在两个女孩面前缓缓打开了……

苏博士的小课堂
莱顿瓶

莱顿瓶是一种用来储存静电的装置，瓶里瓶外分别贴有锡箔，瓶里的锡箔通过金属链与金属棒连接，金属棒的上端是一个金属球。它最先由荷兰科学家马森布罗克在荷兰的莱顿试用。作为原始形式的电容器，电学家

们不仅利用它做了大量的实验，而且做了很多示范表演，其中最壮观的是法国人诺莱特在巴黎一座大教堂前的表演。诺莱特邀请了路易十五及皇室成员临场观看，他让700名修道士手拉手排成一行（队伍长达275米），排头的修道士用手握住莱顿瓶，排尾的人握住瓶的引线，一瞬间，700名修道士因受电击几乎同时跳起来，在场的人无不为之目瞪口呆。不过，此表演十分危险，请不要尝试。

第五章

悬浮的沙滩球

“站住！”

嘉嘉和橙橙刚推开黑暗城堡的大门，就被一个尖厉的叫声吓了一跳。两人睁大眼睛，努力适应着城堡里昏暗的光线，看到正前方站着一个玩杂耍球的小丑男孩。

“没有我的允许，谁都不能进入黑暗城堡！”玩球小丑收回抛在空中的小球，再次尖叫道。

“你是谁？”嘉嘉问。

“我？”玩球小丑哼了一声，“哼！你们可以叫我‘杂耍球之神’。我的主人黑巫师最喜欢看我的杂耍球表演，我一次可以抛 11 个球，是不是超级无敌厉害？”

“什么？什么神？”橙橙

一脸奇怪，“你这名字太长了，记不住啊！要不然，叫你球童好了。”

“住口！”玩球小丑气坏了，非要给她们表演一下自己的绝技，好让她们对自己佩服得五体投地。

他先抛起 3 个球，然后一个球一个球地增加，最后，果然增加到了 11 个。

“怎么样？我是不是世界第一杂耍球之神？我是不是 No.1……”他一边耍球，一边用余光瞥着两个女孩，骄傲地问。

两个女孩看呆了，忍不住给他鼓起掌来。玩球小丑听到，耍得更起劲儿了。

不一会儿，橙橙看得有些不耐烦了，打断他说：“好啦好啦，你是很厉害！这样可以了吗？现在请你赶紧让开，我们还有正事要办，没工夫继续欣赏啦。”

“哼！”玩球小丑停下手中的球，气呼呼地说，“想进城堡，没那么容易！先过了我这一关！”

“小朋友——不，小球神！”嘉嘉心平气和地说，“你刚才的表演的确很精彩，不过我们真的没有时间了。告诉你吧，我们是来找黑巫师要回永生花的。这关系到整个世界的安危，希望你能让我们进去。”

听了嘉嘉的话，玩球小丑稍微消了点儿气，他说：“进——也不是不行，可是主人给我安排了守门的任务，我必须遵守承诺。”

“那你说说，我们怎样才可以进去呢？”嘉嘉耐心地问。

“好吧，我就告诉你们。”玩球小丑从身后一下子“变”出一个大沙滩球，“主人说过，谁能让这个沙滩球在空中悬浮10秒，就可以放他进入城堡。”

“悬浮10秒？”橙橙瞪大了眼睛，“你以为我们会变魔术吗？”

嘉嘉抓着橙橙的手，把她拉到一边，小声商量着：“橙橙，别着急，利用科学的原理，这未必不能实现。想一想，苏博士有没有做过类似的实验？”

“喂！”玩球小丑朝她们喊，“时间有限——10分钟准备，如果做不到，你们就得离开这里！”

这时，嘉嘉和橙橙努力地回忆着博士带她们做过的各种实验，2分钟过去了，5分钟过去了……忽然，两个人同时眼前一亮，说：“**伯努利原理！**”

橙橙赶紧打开科学背包，找出一个微型鼓风机，然后将手表对准它，按下黄色键——鼓风机变成了她们需要的大小。

“小球神，我们准备好了！”嘉嘉说完，和橙橙一起将鼓风机的出风口垂直对准了沙滩球的底部——沙滩球果然悬浮在空中了。

“沙滩球悬浮在鼓风机的高速气流中了！”橙橙开心地喊，“我用手表来计时——1、2、3……10、11！”

橙橙关掉鼓风机的开关，一脸得意地对玩球小丑说：“怎么样？11秒，比你要求的还多了1秒，是不是也算球神了？”

玩球小丑看得目瞪口呆。这下，“世界第一杂耍球之神”完完全全服气了：“你们真是神了！”

他一边惊叹，一边让出了通道，“请进吧，两位球神！”

苏博士的小实验
伯努利原理效应

实验准备

一个乒乓球、一个吹风机

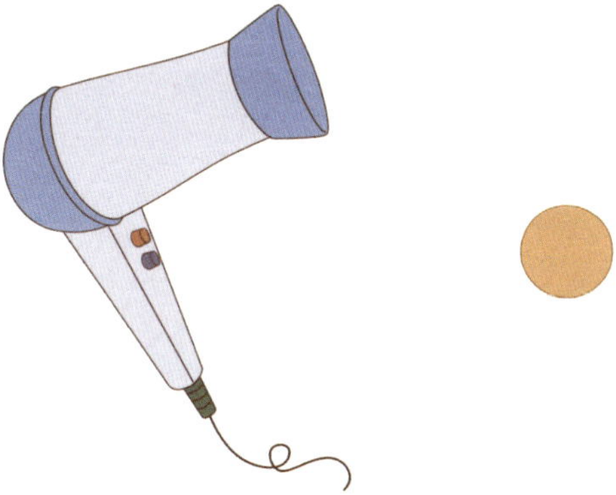

实验步骤

1. 接通吹风机电源，手持吹风机并保持风口竖直朝上。

2. 将一个乒乓球放在吹风机的出风口，打开吹风机的开关，你观察到了什么?

3. 稍微倾斜或移动吹风机，看乒乓球是否能继续悬浮?

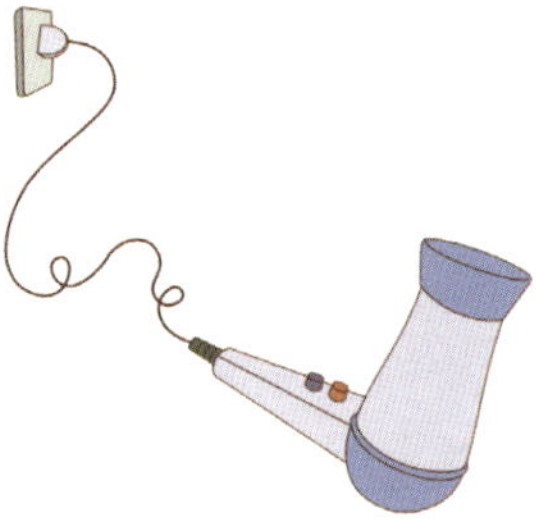

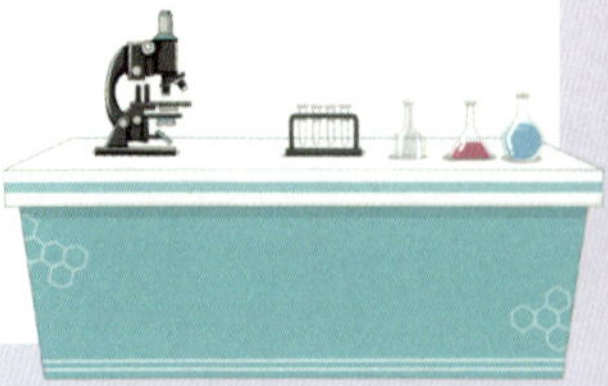

实验结果

乒乓球在吹风机的出风口上方会一直悬浮不掉落，即使倾斜或移动吹风机，乒乓球也不会掉落。

实验原理

吹风机可以吹出高速的气流，根据伯努利原理，空气流动的速度越快，气流内部的压强越小，变成一个低压区。外界的气压和低压区之间会产生压强差，就像一只有力的大手，阻挡了乒乓球乱跑，使乒乓球被吸在气流中。每当乒乓球要从侧面掉下去的时候，这只“大手”便将它推回去。由于“大手”十分强大，因此移动或倾斜吹风机时，乒乓球也不会掉下来。

第六章

分不开的书

黑暗城堡里又潮湿又阴暗，只有墙壁上几盏煤油灯发出昏黄的光，可以照亮周围有限的空间。橙橙虽然大着胆子走在前面，但心里有些害怕。嘉嘉看出橙橙的身体在抖，就从后面伸出手拉住了她的手。两个女孩就这样手牵着手一起走。她们穿过一个大厅，一道楼梯出现在眼前。走上楼梯后，她们继续小心翼翼地前行。安静的城堡里回响着两个人的脚步声。

不一会儿，两个人来到城堡的二楼，看到一扇高大的木头门。正当她们犹豫着要不要推门的时候，木门忽然自动打开，走出来一个身穿铠甲，脸却化着小丑妆的骑士，他身后还跟着一个身材矮小、全身上下完全小丑装扮、看起来有点儿可爱的小丑。

“嘉嘉，这是什么东西啊？”橙橙忍不住问。

“你才是东西！我是小丑马仔。”那个小丑立刻跳出来喊，“我们不是东西，你才是东西！”

嘉嘉和橙橙扑哧一下笑了，旁边的小丑骑士狠狠瞪了她们一眼，她们赶紧捂住了嘴巴。

小丑骑士开口说道：“见到我小丑骑士，怎么这么没礼貌！”

“见到我主人，怎么这么没礼貌！”一旁的小丑马仔也随声附和。

嘉嘉说：“小丑骑士，你好！我们是来找黑巫师的，请让我们进去吧。”

“哼！”小丑骑士看了一眼两个女孩，“就凭你们也想见黑巫师？那就看看你们能不能过了我这关。”

“对，先过关，过关！”小丑马仔又附和道。

橙橙看着他们嚣张的样子，气不打一处来。她叉着腰喊道：“过什么关？赶紧放马过来！”

小丑骑士轻蔑地说：“看你俩呆头呆脑的，我可以多给你们几个选择。第一，力量挑战；第二，勇气挑战；第三，惊吓挑战。只要你们能完成其中一个，就算你们过关。”

“好！一言为定！”橙橙一口答应。

嘉嘉问道：“小丑骑士先生，请问这三个挑战具体是指什么呢？”

小丑骑士给他的马仔使了个眼色，小丑马仔立刻接话说："力量挑战就是看你们的力气大不大，如果能比我主人的力气还大，就算你们通过——当然，这是完全不可能的。勇气挑战需要你们把双手伸进火焰，再面不改色地拿出来——这也是不可能的，除非你们不想要自己的手了。"小丑马仔不怀好意地瞥了她们一眼，接着说，"惊吓挑战嘛，只要能让我和主人吓一跳就可以了。不过，我可告诉你们，主人和我可不是那么容易被吓到的，所以，想闯过这一关，完全是白日做梦。"

橙橙有点儿害怕，拉了一下嘉嘉。嘉嘉皱着眉头低头想了一会儿，问道："请问小丑骑士先生，如果我们三个挑战全部通过的话，会怎么样？"

"嘿嘿嘿……别开玩笑了！"小丑马仔笑弯了腰。橙橙更是瞪大了眼睛盯着嘉嘉，仿佛在说："你是疯了吗？"

小丑骑士也觉得这完全不可能，不过他还是说："如果你们全部通过，那我就额外满足你们一个愿望。"

“好！”嘉嘉信心满满地说，“那我们就从比力气开始吧！”接着，她又拍了拍橙橙的肩膀，笑着说：“放心吧！”

“嘿嘿嘿……”小丑马仔一听，又笑弯了腰。

小丑骑士拍拍小丑马仔的头，小丑马仔立刻止住了笑声。小丑骑士对两个女孩说：“第一关我先让你们一次，如果你们能赢了我的马仔，就算过关。说吧，你们是比掰手腕还是举重？随便什么都行。”

这时，嘉嘉和橙橙已经商量好了对策。橙橙从科学背包里拿出两本书，把书页翻开，然后将两本书的每一页都交叉叠放在一起，最后把书合上，说：“咱们比一比，看谁能把这两本书分开。”

嘉嘉补充说：“是‘分开’，不能撕烂哟！”

“嘿嘿嘿！”小丑马仔又笑弯了腰，“小菜一碟！”说着，他拿过书，两手便开始往两边拉。可出乎意料的是，两本书纹丝不动，一点儿也分不开。

“主人……”小丑马仔向主人“求救”。小丑骑士气坏了，他把马仔推到一边，亲自动手，可是没想到，书依然纹丝不动。接着，他和马仔一人一边，想用两个人的力量把书分开。他们使出了九牛二虎之力，还是没有成功。

橙橙忍住笑，说："要不，我来试试？"

小丑骑士擦了擦脸上的汗，把书递给橙橙："我就不信，你这个小不点儿能把书分开！"

橙橙接过书，竖起来轻轻抖了抖，便轻松地把两本书分开了。小丑骑士和小丑马仔惊讶得目瞪口呆。

苏博士的小课堂

摩擦力

你们知道什么是摩擦力吗？两个相互接触并挤压的物体，当它们发生相对运动或具有相对运动趋势时，就会在接触面上产生阻碍相对运动或相对运动趋势的力，这种力叫作摩擦力。故事中的两本书是一页一页夹叠在

一起的，每两页之间都存在着微小的摩擦力，夹叠页数越多，书页之间的摩擦力就成倍增加。这样的两本书，别说两个人，可能几个人都分不开。不信的话，你也可以试试看。

第七章

神奇火焰掌

“主人，她们会魔法！”小丑马仔一脸惊恐，“她们，她们肯定是小巫婆！”

“胡说！”小丑骑士生气地说，“她们只是侥幸罢了。本来咱们就让了她们一回。真正的挑战才刚开始！”

“对，对！刚开始！”小丑马仔又有了信心。

嘉嘉微笑着说：“小丑骑士，第一个挑战我们已经过关了，现在继续第二个挑战吧！”

小丑骑士说：“好，这次我可不会再让着你们了。听着，第二个是勇气挑战，你们要考虑好了，把手伸进火里可不是闹着玩的！”

橙橙心里有些没底，拉着嘉嘉的衣角低声问：“怎么办呀，嘉嘉？手伸进火里不会变成烤鸡爪吧？”

小丑骑士看橙

橙有点儿担心的样子，便得意地说："如果你们害怕了，不想让手变成烤猪蹄，现在认输还来得及。"

"认输，认输吧！"小丑马仔在旁边开始起哄。

"谁说我们害怕了？"嘉嘉说，"我们只是要做一下准备而已。"

其实嘉嘉也没有想到好办法，不过她还是转身对橙橙说："别担心，橙橙，不要忘了科学的力量，我们一起想想，有什么科学原理能用上。"

"嗯，你说得对！"橙橙受到嘉嘉的影响，没有那么紧张了，她紧握双拳，点点头。

这时，嘉嘉忽然想起了一个实验："橙橙，你还记得博士的丁烷火焰掌吗？"

橙橙一跺脚，瞬间明白了，两个人现在有了百分之百的信心。橙橙迅速从科学背包里找出了丁烷、洗洁精和水，接着用手表把一个微型玻璃碗放大，把洗洁精和水混合倒入玻璃碗，搅拌起泡，又把丁烷注入其中。做完这些，她便把玻璃碗交给了嘉嘉。

小丑马仔看着两个女孩，不耐烦地问：“你们嘀嘀咕咕、磨磨蹭蹭在干什么呢？”

“当然是准备工作。”嘉嘉说，“咱们开始吧！”

小丑马仔点燃一支火把走近了嘉嘉，嘉嘉毫不畏惧，她戴上本质眼镜做好防护，把手伸进玻璃碗捞了一些泡泡水，然后将手伸向了火把……

嘉嘉的手被点燃了！

连小丑骑士和马仔都有点儿看不下去了，这得多疼呀！可是再一看嘉嘉——她居然还在微笑，脸上没有丝毫痛苦的样子！

“怎么回事？”等嘉嘉手上的火焰熄灭，小丑

骑士急忙走过来检查嘉嘉的手，“你的手一点儿也没有受伤吗？”

“没有呀！”嘉嘉笑着说，“一点儿感觉也没有！”

小丑骑士百思不得其解，一旁的马仔忍不住了，颤抖着说：“主人，她们不是巫师就是妖怪！她们……她们好像比黑巫师还要厉害呀！”

“住口！”小丑骑士喊道，“世界上最无所不能的就是我们伟大的黑巫师！这两个小不点儿只是运气好而已。快，还有一个挑战呢！”

“对……对，还……还有一个挑战！”小丑马仔还在微微颤抖，声音也没有以前那么洪亮了。

苏博士的小课堂
丁烷火焰掌

“丁烷火焰掌”的原理是这样的：当丁烷气体注入充满洗洁精的水中后，洗洁精降低水的表面张力容易形成气泡，丁烷气体便被泡泡包裹，用手捞起被泡泡包裹的丁烷并点燃，丁烷会燃烧，直到燃料消

耗完，火焰就会熄灭。在这个过程中，水的比热容大，需要吸收很多热量，温度才会升高，所以可以保护手。

这个实验具有一定的危险性，小朋友们不可以独自尝试，必须在专业人士的监督和帮助下才可以进行。另外，做实验的时候一定要做好防护。

第八章

可怕的“大象牙膏”

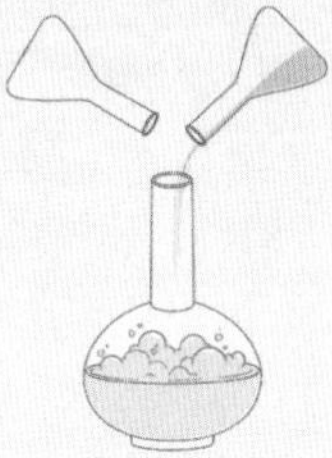

第三关的惊吓挑战，小丑骑士同意给嘉嘉和橙橙 3 分钟的时间做准备。

“嘉嘉，要不我来给他们讲个鬼故事，讲到一半，扮成鬼‘哇’一下吓死他们！”橙橙想了个主意。

嘉嘉摇摇头：“你觉得他们有那么好吓吗？他们什么没有见过啊，普通方法行不通的。”

“那你有什么好办法吗？咱们必须一击即中才行！”

“我觉得……”嘉嘉想了想，“咱们还是要从

科学的角度来思考。世界的万事万物都能用科学解释，再神奇、再不可思议的现象，也是有原因的，而且大部分是物理或者化学现象。可是，如果不懂科学的人看到了，就会觉得很震惊。”

“你说得对！”橙橙也很赞同，“就像以前人类不懂科学的时候，把自然界里的很多现象归结于神秘的力量。”

“对了，橙橙，我们不如……”嘉嘉对着橙橙的耳朵嘀嘀咕咕了一番。

“好主意，好好……”橙橙高兴极了，赶紧打开科学背包，找出了需要的东西。

“时间……时间到！”小丑马仔不知怎的，变得有些结结巴巴。

“好了，你们快来吓我们一跳吧！”小丑骑士叉着腰，一脸不屑地说。

橙橙拿着两个小玻璃瓶，做好准备，轻轻地放在台子上，并对小丑骑士和马仔说：“你们看看这

是什么？”

小丑骑士和马仔盯着瓶子左看右看，里面除了装着一些液体之外，没有发现什么异常。

小丑骑士哼了一声，抬手指着瓶子说：“不就是两个装了水的玻璃瓶吗？有什么意思！”

小丑马仔听了主人的话，胆子好像也变大了点儿，附和道：“对，对，没什么意思！”

这时，嘉嘉又拿来一个同样装着一些液体的大玻璃瓶放到了台子上，对小丑骑士和马仔说：“你们敢不敢把这两个小瓶子里的水倒进大瓶子里呢？”

“哈哈哈哈……”小丑骑士大笑起来，“别故弄玄虚了，这么点儿小事有什么不敢的？”

“就是，就是！”小丑马仔也得意起来。

“那我倒数3个数，你们一起来倒。”橙橙说着，便开始倒计时，“3——2——1，倒！”

小丑骑士和马仔刚把“水”倒进大瓶子，大瓶子一下喷出大量的泡沫，而且越喷越多，简直像火山喷发一样。

“啊！啊！救命啊……”

“妖怪，妖怪来啦……”

两个人吓得像没头的苍蝇，一时不知道该往哪儿跑，抱着头到处乱窜。

嘉嘉和橙橙笑得肚子都疼了。过了一会儿，嘉嘉走到吓得趴在地上的小丑骑士跟前，说：“小丑骑士先生，您没事吧？”

小丑骑士抬头看看嘉嘉，又回头看看那两个玻璃瓶，发现玻璃瓶已经不再往外喷发了，也没有什么危险发生。他有点儿尴尬地站起来，整理了一下衣服，以及歪掉的头盔，一本正经地说：“什么事？一点儿事也没有！”

他气冲冲地走到还在瑟瑟发抖的马仔跟前，狠狠踢了他一脚。“快起来，别再丢人现眼了！”小丑马仔都没理他。

橙橙笑嘻嘻地问小丑骑士：“您没被吓一跳？您这个马仔还在这边发抖呢，我猜他都快吓得尿裤子啦！”橙橙笑着指了指墙角缩成一团的小丑马仔，

苏博士的小课堂

大象牙膏

在这个故事里，两个小玻璃瓶中装的液体分别是碘化钾溶液和双氧水，大玻璃瓶内装的是洗洁精。碘化钾溶液和双氧水倒入大玻璃瓶中混合发生氧化还原反应，产生大量氧气，生成的氧气被洗洁精包裹形成大量的泡

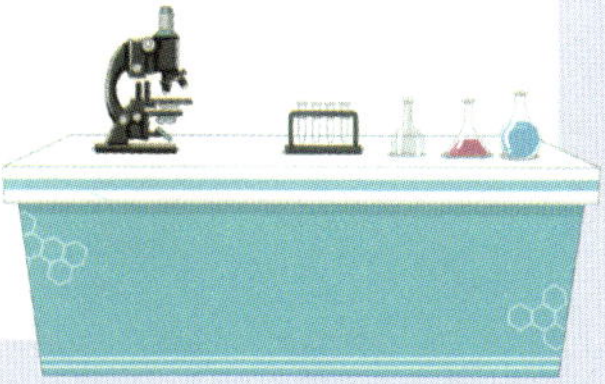

沫喷涌而出。这些泡沫像刷牙时牙膏产生的泡泡一样，量大得足以给大象刷牙了，于是这个实验便被命名为“大象牙膏”实验。

需要注意的是，小朋友们需要在专业人士的指导下进行这个实验，不能单独进行。实验的时候，一定要戴上橡胶手套和防护眼镜，以免受伤。

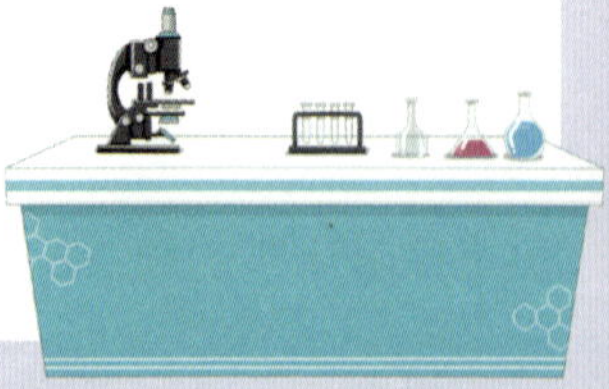

第九章

完成神秘仪式

小丑骑士也不是不讲道理的人，他沉思片刻，叹了口气：“好吧，本人向来说话算话。既然你们完成了全部挑战，我就实现你们一个愿望。”小丑骑士抬头看了看两个女孩，“是我小看你们了，你们都很有本事。你们的愿望一定也很宏伟吧？”

幸福来得太突然，嘉嘉和橙橙一时间反而愣住了，完全没有想法。

“宏伟的愿望的话，你们说很多很多玩具怎么样？”小丑骑士看她们不说话，建议道。

两个女孩对视了一眼，笑着摇了摇头："不想要！"

"那么……一辈子花不完的钱，这个可以了吧？"

小丑骑士疑惑地盯着两个女孩的脸，她们甚至一秒都没犹豫，还是摇头。

小丑骑士忽然一拍脑门，坚定地说："这个你们肯定喜欢！我可以让你们——永远不用写作业！"

果然，两个女孩眼睛一亮，立刻兴奋起来。橙橙说："嘉嘉，这个提议……太诱人啦！"嘉嘉情不自禁地点着头，也有点动心。要知道，这是多少孩子求之不得的"梦想"呀！她们几乎差一点点就要答应了。就在这时，嘉嘉低头看到了自己手腕上的表，她忽然想起了这次的任务。

嘉嘉拉住橙橙的手，红着脸轻声说："咱们是来取回永生花的，怎么能趁机满足自己的私欲呢？"

"是啊，我竟然差点儿就忘记了。如果咱们取不回永生花，人类没有了未来，我们写不写作业又有什么意义呢？"橙橙也很惭愧。

两人达成了一致，橙橙便大声地对小丑骑士说：“我们的愿望是取回永生花！”

“永生花！这……”小丑骑士一脸为难，“这个我办不到啊，永生花一直在黑巫师那里，连我都没有见过。”

嘉嘉追问：“那你能不能告诉我们，怎样才能见到黑巫师？我们可以自己去取。”

小丑骑士想了想，叹了口气说：

“唉，好吧，我只能给你们一个提示——要想见到黑巫师，必须造出五彩火焰和巨型云雾，这样才能完成神秘仪式。”

“还要有神秘仪式吗？这要怎么完成呢？”嘉嘉和橙橙有点摸不着头脑。

“我只能帮你们到这里了，能不能见到黑巫师就

看你们自己的了。祝你们好运！”小丑骑士说完，一把揪起缩在墙角的小丑马仔，在一片烟雾中消失了。

橙橙呆呆地望着逐渐消散的烟雾，气恼地说：“太难为人了，到底要怎么做啊？”

嘉嘉握紧橙橙的手：“别灰心，咱们一路经历了这么多困难和关卡，都有惊无险地闯过来了，这一关也一定没问题！只要我们相信科学的力量……”

橙橙看着嘉嘉，重重地点点头：“相信科学能为我们解决一切！”

两个女孩开始冷静、认真地分析起来。五彩火焰——顾名思义，就是五种颜色的火焰，那么，如何得到不同颜色的火焰呢？

“博士说过，某些金属或者它们的化合物在灼烧的时候，火焰能呈现特殊的颜色。”嘉嘉回忆起了博士的话。

“你说的是焰色反应！”橙橙也想起来了。

两个人迅速打开科学背包，找到需要的东西：五只燃烧皿，以及最重要的——硫酸铜、氯化锂、硼酸、碳酸钾和氯化锶。

她们在房间里找到一张破旧的长桌，将五只燃烧皿放在长桌上，然后把每种物质分别放进五只燃烧皿中，再用点火器点燃——

蓝绿色、

深红色、

绿色、黄紫色、紫红色的五彩火焰立刻出现在眼前。

这时，一阵轰隆隆巨响，仿佛地震了一般，整个城堡晃动起来。接着，她们发现，身后的墙壁忽然裂开一道缝隙。不一会儿，晃动停止了，裂缝也不再扩大。

“难道这个神秘仪式能帮助我们打开黑巫师的秘密通道？”嘉嘉有些怀疑。

“没错，一定是这样！”橙橙说，“看来，小丑骑士的确在帮助我们实现愿望。咱们赶紧完成第二个巨型云雾吧！”

“嗯！”嘉嘉表示赞同，“橙橙，你还记得苏博士的液氮动力球吗？”

“记得！在苏博士的新实验室里……”

“咱们可以利用液氮制造云雾。你想想，如果往液氮里面倒开水，会怎么样？”

“液氮会吸收热量急速汽化，液氮周围的空气温度降低了，空气中的水蒸气会液化形成小水滴……”说着，橙橙茅塞顿开，“哦！我明白了，这样我们就能造出巨大的云雾了！”

两个人说干就干，在科学背包里找出苏博士的微型保温箱，取出里面的液氮，再拿出盛

满开水的保温杯，用手表把它们全部放大。接着，她们一起把开水倒进了液氮里。

云雾翻滚，升腾，一下子充满了整个房间。在巨大的云雾中，嘉嘉和橙橙什么也看不见，只感觉又一阵地动山摇，身后仿佛有一双大手把她们推向前方……

苏博士的小课堂

焰色反应

橙橙和嘉嘉利用焰色反应的原理制造出了五彩火焰。焰色反应，也称焰色测试或焰色试验，是某些金属或它们的化合物在灼烧时能呈现特殊颜色的反应。其原

理是每种元素都有独特的光谱。在化学上，这个方法常用来测试某种金属是否存在于化合物中。利用焰色反应，人们在烟花中有意识地加入特定金属元素，可以使焰火更加绚丽多彩。

制造巨型云雾的秘密则是利用了物质的物态变化。液氮是一种无色、无味的透明液体，其温度极低，约为 -196℃。在常温下，液氮极易汽化成为无色、无味的氮气。当把开水倒入液氮，液氮会吸收热量急速汽化，而液氮周围的空气温度降低，空气中的水蒸气会液化形成小水滴，最后就变成了升腾的云雾！这种现象不仅在科学实验中用于演示，还被用于制造浪漫的场景，如婚礼或节日庆典中的“人造云雾”。

注意：该实验有一定危险，请不要在没有防护措施的情况下轻易尝试。

第十章

与黑巫师面对面

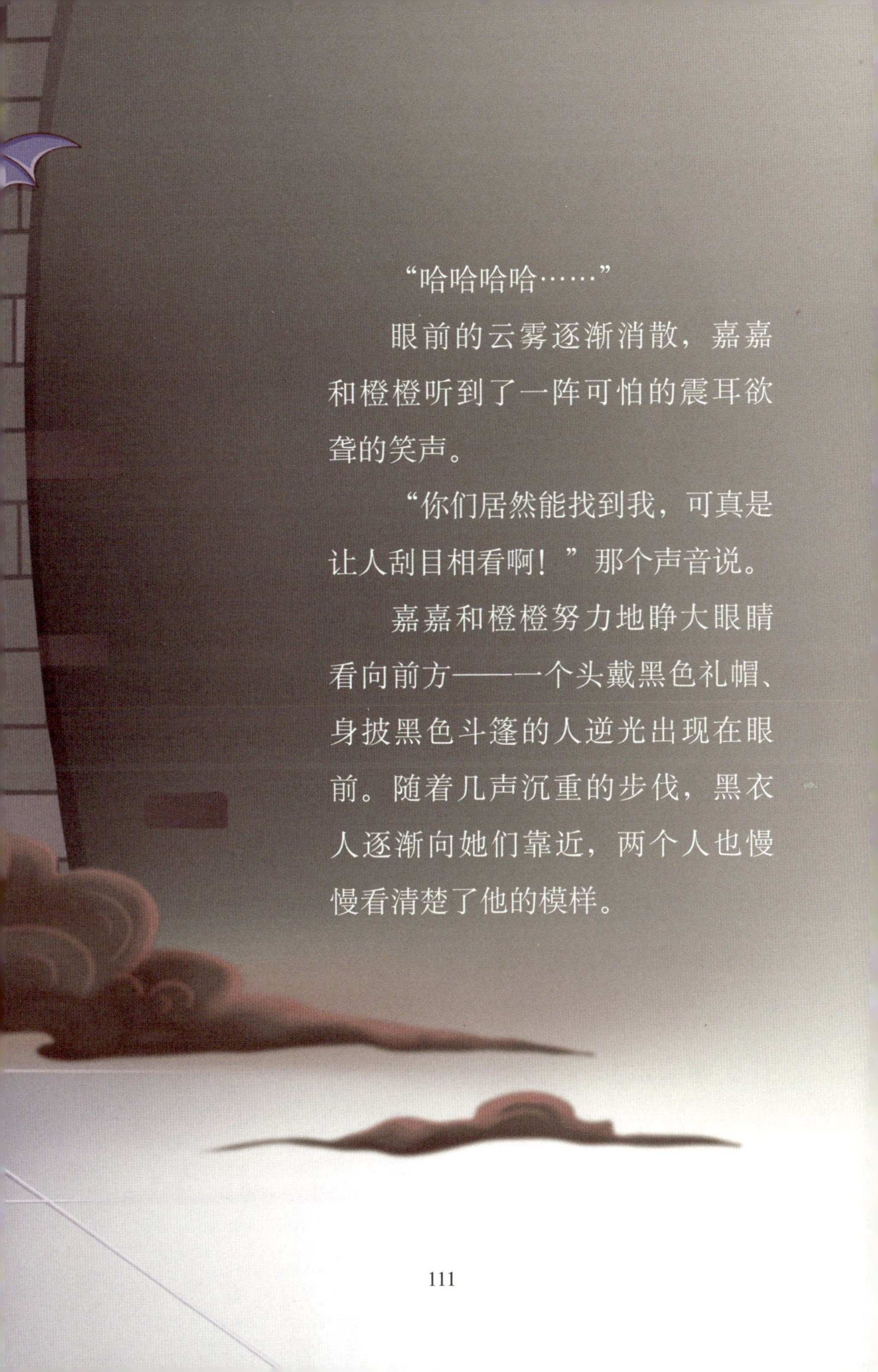

“哈哈哈哈……”

眼前的云雾逐渐消散，嘉嘉和橙橙听到了一阵可怕的震耳欲聋的笑声。

“你们居然能找到我，可真是让人刮目相看啊！”那个声音说。

嘉嘉和橙橙努力地睁大眼睛看向前方——一个头戴黑色礼帽、身披黑色斗篷的人逆光出现在眼前。随着几声沉重的步伐，黑衣人逐渐向她们靠近，两个人也慢慢看清楚了他的模样。

"欢迎你们,聪明的小孩!"黑衣人慢悠悠地说。

"你……你就是黑巫师?"橙橙有点儿害怕,又有些激动地问。

"在这个世界上,能见到我的人可不多。你们能找到我,让我对你们产生了一丝丝的敬意。"现出真容的黑巫师用阴冷的目光扫视着她们,似乎想把她们看穿。

"哼,只要懂得科学真理的人,都会觉得找到你是小菜一碟!"嘉嘉不客气地说道。

黑巫师的脸色变得暗沉下来,上下打量着她们,又恶狠狠地盯着嘉嘉。橙橙拉起嘉嘉的手,虽然两个人的手都是冰凉冰凉的,但是她们面对黑巫师凶狠的气势,一点儿都没有退缩。

"说吧,你们费尽力气找到我,想干什么?"黑巫师冷冰冰地问。

"你心里应该知道我们为什么要来找你!你为什么要偷走苏博士的永生花?"她们大声质问,"你快把永生花还给我们!"

"他的永生花?"黑巫师扬了扬头,更加生气了,

“这株永生花本来就是我的。它是我所有黑魔法的源泉。有一天，所谓的科学家说我祸害人类，不经我的允许就将它收走，大大削弱了我的法力。现在，我拿走永生花只是物归原主而已。不过，我一直想要一个答案，我本以为苏博士会亲自过来，没想到他却派了两个孩子。真是让我笑掉大牙！”

“我们的确只是孩子，”橙橙义正词严地说，“但我们是相信科学的孩子，所以我们拥有比你还要多的智慧和力量！”

“哈哈哈哈……”黑巫师大笑着，瞥了她们一眼，“人虽然不大，口气却不小！既然你们这么想要永生花，那就凭你们的实力来拿吧！”黑巫师忽然从斗篷里变出一个乒乓球和一个球拍，“会玩乒乓球吗？如果你们能用乒乓球打穿这个球拍，我就考虑让你们看一眼永生花。”

“这有什么难的！你等着！”说着，橙橙便打开科学背包翻找起来。

“橙橙，你找什么？”嘉嘉小声问。

“找锤子，用锤子打碎球拍！”橙橙继续翻找。

“那怎么可以！黑巫师说了要用乒乓球去击穿球拍！”

“那……那怎么办呢？”

嘉嘉想了想，说：“咱们需要借力。”

“借谁的力？”

“你还记得苏博士发明的气压炮吗？”

“记得！在苏博士的实验室，一个气压差就能击穿易拉罐！”

“对！如果我们能把它升级，增大管内的气压差……”

“哦，我明白了！”橙橙恍然大悟，“我有个主意，我们可以给管子连接一个储气罐，用空气压缩机给气罐加压，双管齐下来增大压差！”

“完全可行！”嘉嘉点点头。

两个人赶紧从背包里找出需要的东西，以极快的速度做出了升级版气压炮，然后把乒乓球放进管中，对准了球拍……

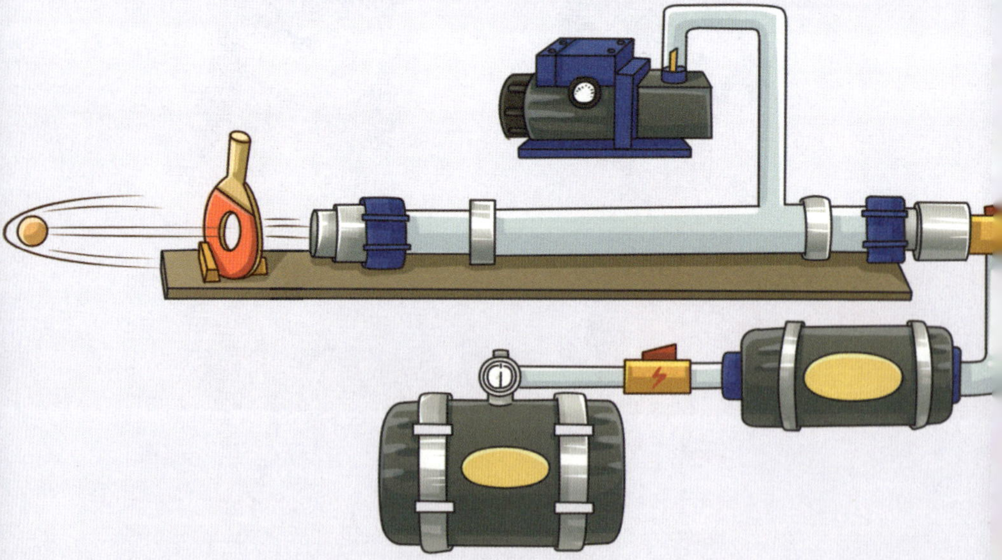

砰！

乒乓球果然把球拍击穿了！

“太好了，嘉嘉，咱们成功了！”橙橙开心地和嘉嘉拥抱起来。

“博士说过，科学家一定要有创新精神，要学以致用，融会贯通，这次我也真正明白了他的话。”嘉嘉激动地说。

她们把被击穿了一个洞的球拍拿给黑巫师看，要求黑巫师归还永生花。

黑巫师既震惊又气愤，他没有想到，这样的难题居然一下就被两个小孩解决了。他怒火中烧，可是却没有发作。他平复了一下心情，眼珠一转，说道："我之前说的是，如果你们能做到，我可以考虑给你们看看永生花。现在我考虑好了，这种小问题太简单了，还不足以说服我。"

"你！你说话不算数！"橙橙生气地说。

"不过，你们的确吸引了我的注意。"黑巫师邪恶地一笑，"我可以再给你们一次机会，如果这次你们还能过关，我就答应归还永生花！"

苏博士的小课堂

气　压

空气就像水一样，会给存在于其中的物体压力。气压是大气压强的简称，是作用在单位面积上的大气压力，即等于作用于单位面积上向上延伸到大气上界的垂直空气柱的重量。一个标准大气压等于 760 毫米高的水银柱的重量，它相当于 1 平方厘米面积上承受 1.0336 千克重

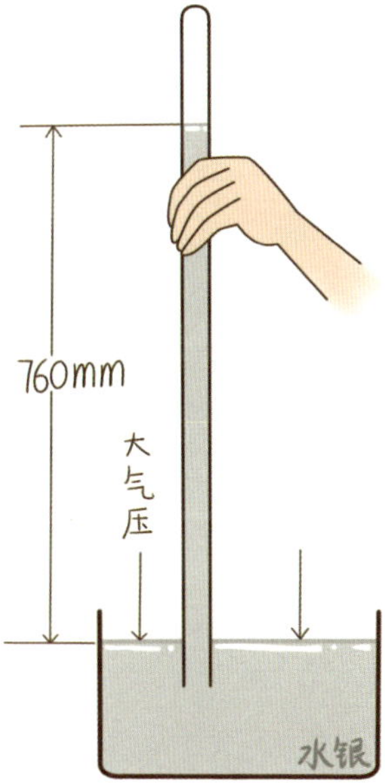

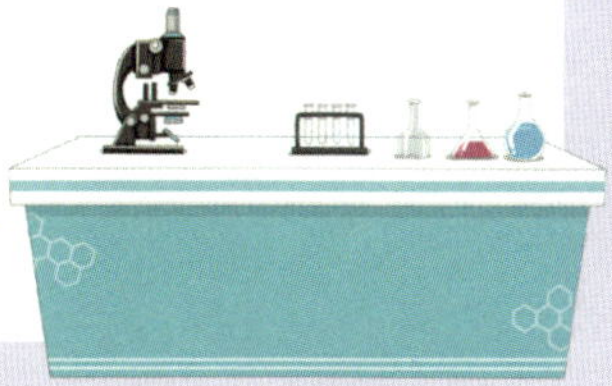

的大气压力。

嘉嘉和橙橙利用大气压强的原理，改造了苏博士的气压炮，她们用真空泵将 2 米的亚克力管抽成真空，再用空压机给加压罐加上 6 个大气压，通过双管齐下的方法增大气压。当阀门被打开，高压空气就会推动乒乓球，以高速向前，击穿球拍。

第十一章

会唱歌的光

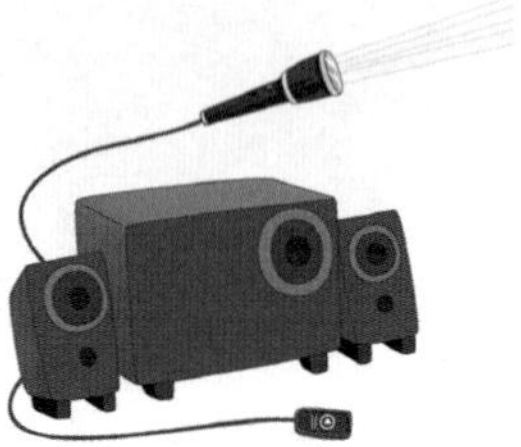

“黑巫师，这次你可要说话算话！”橙橙生气地说。

“当然！一言既出，驷马难追！”黑巫师答应道。

“好，你说吧！最后一关是什么？”嘉嘉问。

“哈哈哈，这最后一关……就是——给我看一个我从来没有见过的魔法。”黑巫师用眼睛偷瞥着两个女孩，一脸自信的样子，“也别说我欺负你们，我给你们10分钟的准备时间，时间到了我就来验收。你们可别让我等太久！”接着，他将斗篷一挥，便消失了。

嘉嘉和橙橙果然犯了难。她们并不知道黑巫师没有见过什么样的魔法，可是以他的神通广大，这世界上大概没有什么是他没见过的了吧。

“嘉嘉，这怎么办？”橙橙急得抓耳挠腮。

“是啊，这一定不能是普通的魔法，要从哪里找到头绪呢？”嘉嘉的大脑也一片空白。

这时候，橙橙的手表嘀嘀嘀地响了起来——原来是苏博士！

橙橙赶紧按下接听键，苏博士的投影在空中出现了。

“苏博士！”两个孩子太开心了，她们好久没有见到苏博士了！

苏博士也十分高兴地和她们打着招呼：“两个孩子，我也很想念你们，你们找到城堡了吗？”

“找到了！苏博士，可是我们现在有一个难题，不知道该怎么办。”橙橙委屈地说。

“别急，橙橙，手表上有个定位键，定位功能刚刚开通，你把它打开，这样我就能找到你们了！”苏博士耐心地说。

“可是苏博士，即使您知道我们在哪里又能怎么样呢？”嘉嘉担忧地说，“我们只有10分钟的时间来解决这个难题，您也赶不到这里啊！”

“呵呵呵，打开定位键，你们就知道了！”说着，苏博士的投影便消失了。

橙橙马上找到了手表的定位键，轻轻打开。这时，手表忽然射出一道刺眼的光芒，照得橙橙和嘉嘉睁不开眼睛。她们下意识地把眼睛闭上，当她们好不容易适应了光线，睁开眼睛时，苏博士居然真的出现在眼前！

“天哪，这……这是怎么回事？我不会在做梦吧！”橙橙简直不敢相信自己的眼睛，甚至差点鼓起掌来。

“苏博士，您……真的是您吗？您怎么来的呀？”嘉嘉也一脸震惊。

“哈哈，嘉嘉和橙橙，还记得你们出发前，我

说过有一个非常重要的实验项目，只差关键的一步就能完成了吗？”苏博士一边说，一边整理自己的衣服。

“嗯，记得！”橙橙说，“对呀，您还说，如果实验成功，就能立刻来到我们身边。”

“苏博士，难道这就是您的最新实验？”嘉嘉伸出手，想摸摸苏博士是不是真的。

“对！”苏博士点了点头，得意地说，“我终于成功完成了瞬间位移实验，这不是马上就来找你们了。”

“太好了！”两个女孩都快要跳起来了。

“别激动了，快，现在告诉我，最后一个难题是什么？”苏博士问道。

嘉嘉也着急起来，上前一步，说：“黑巫师说，要给他看一个他从来没有见过的魔法。只有这样，他才肯归还永生花。”

“时间已经不多了。”橙橙焦急地看了看表，“我们只剩 5 分钟了，可是一点儿思路都没有。”

“嗯，这个家伙，还是这么喜欢为难别人。”

苏博士沉思一下，说，“魔法我们没有，不过，奇妙的科学实验可多的是。”

苏博士向橙橙要来科学背包，不一会儿便找出了一块小型的电池板和小音箱。他说：“我有办法了！你们看，这是一块太阳能电池板，它能够把光能转化为电能，现在我把这块电池板与音箱连接，只要我们有光，电池板就能发电，然后通过音箱……”嘉嘉抢先说：“就能发出声音？”苏博士接过话：“还能传出美妙的歌曲。”

“啊？用光来唱歌？”两个女孩十分诧异。

“哈哈，这个世界上恐怕没几个人见过吧？”苏博士笑着说。

有了好办法，三个人说干就干！橙橙先把电池板和音箱用手表照射变大，把它们连在一起。接着，嘉嘉又从背包里拿出一只手电筒。万事俱备之时，10 分钟的时间刚刚好！

一阵黑烟出现，黑巫师来了。他看到苏博士很惊讶：“你怎么来了？”苏博士笑了笑：“上次你去我的地方，只留了一封信，这次我主动来见你。”

苏博士不再搭理黑巫师，他和嘉嘉打开了手电筒，手电筒的光直接照在电池板上，神奇的事情发生了——音箱里传出了动听的歌声。

“什么声音？什么光？这是怎么回事？”黑巫师顾不上苏博士，震惊地看着这一切。

“黑巫师，这样的科学现象你见过吗？”苏博士问道，“拒绝科学，就永远看不到科学的神奇，也永远感受不到科学的力量！”

苏博士的小课堂

光传输

苏博士带来的科学实验，利用的是光传输原理：音频播放器所播放的音乐，利用转换装置变成了光信号，通过手电筒发出并照射到了太阳能电池板上。而太阳能电池板可以将接收

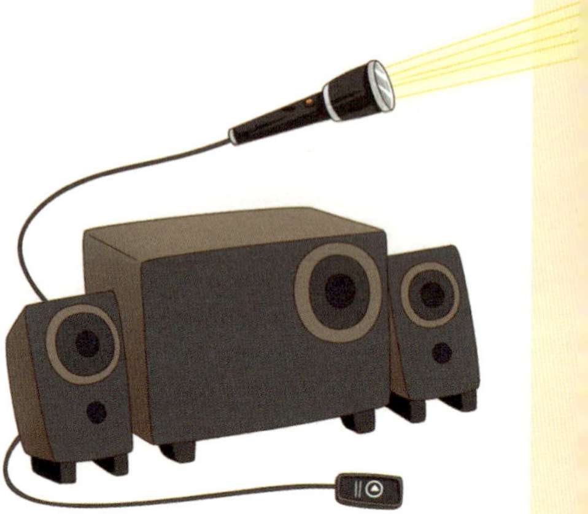

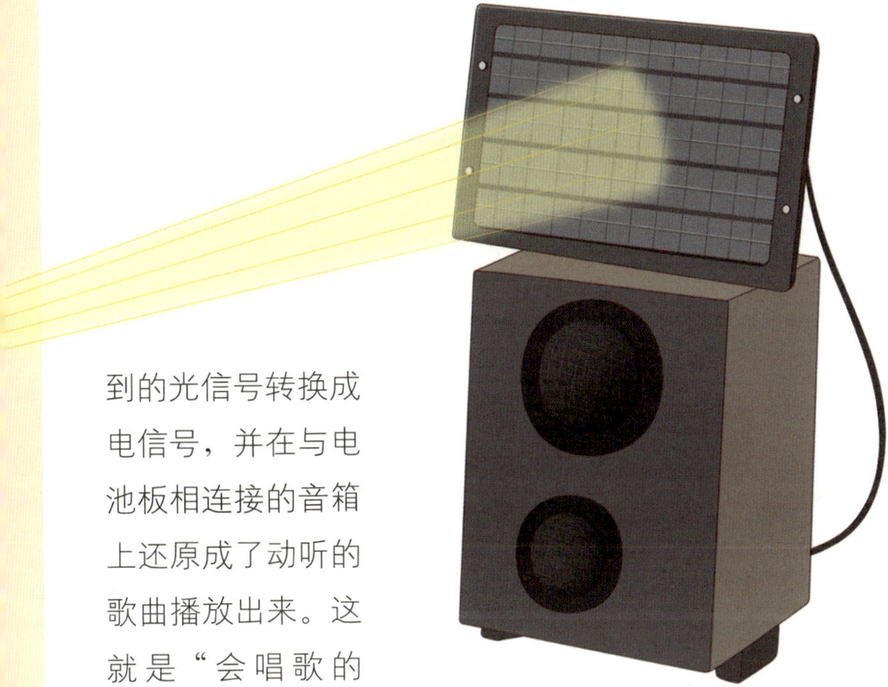

到的光信号转换成电信号，并在与电池板相连接的音箱上还原成了动听的歌曲播放出来。这就是“会唱歌的光”。

第十二章

永生的“永生花”

黑巫师完全没有想到眼前发生的一切，他呆呆地望着苏博士，过了好一会儿，才开口说：

“曾经，人们奉我为神明，被他们敬仰和崇拜。我法力无边，因为愚昧和迷信是我的力量之源。直到有一天，苏博士，你带着你那花里胡哨的科学来了，你用科学去启蒙人类，去教育人类，一次次地揭穿我的秘密，一而再、再而三地羞辱我！如今，人们不再敬畏我，他们说我的魔法其实只是蒙骗人的戏法；人们不再需要我，这让我的力量一天天地衰竭。

我竭尽全力、绞尽脑汁地想证明我的价值，证明我仍然是最伟大、最强大的，可是却一次次失败。难道……难道我真的错了吗？”

“是的，你确实错了。”嘉嘉说，“愚昧终将被淘汰。科学将揭开一切神秘的面纱！”

“对！”橙橙也坚定地说，“这一路走来，我们所做的科学实验，又何尝不是一种震撼的魔法？它可以给人们带来欢乐、感动和世界的真相，这样不好吗？”

“黑巫师，”苏博士语重心长地说，“难道你还不明白吗？科学就是黑暗中的光，人类一旦从黑黢黢的‘洞穴’走出，来到光的世界，就不会再怀念黑暗！愚昧终将会被淘汰，科学将揭开所有现象背后的真相。你的魔法的确都只是戏法而已，如果你不再以愚弄他人为目标，而是用它带给人们科学的乐趣和真相，那么，人们还是会愿意接受你、喜欢你的。”

黑巫师无言以对。他摊开手，一朵美丽的花在他掌心悬浮而出，发出璀璨的光芒。

“啊！这是……”嘉嘉和橙橙惊叹道。

“永生花！”苏博士重重地点了点头。

“这就是你们要找的永生花，”黑巫师一脸绝望地说，“从得到永生花的那一天起，我始终没有找到能够吸取其中强大力量的方法。对我来说，它和普通的花根本没什么区别。可是今天，它却在闪闪发

光……”

“那是因为它感受到了周围存在着的科学力量，它听到了人们对它的召唤！”苏博士解答了黑巫师的疑问。

黑巫师愣了一下，随后低下了头：“你们使用的各种科学技法的确让我意想不到。永生花，现在就还给你们。”他把掌心中的永生花向前一推，“也许，我暂时还找不到打败你们的方法，但是我并不相信这就是最后的结局。从今天起，我将带着我强大的黑力量一起沉睡。不过你们可不要忘记我，因为一旦愚昧和迷信重新占领人们的思想，我便会立刻苏醒。到那时，我们又可以重逢了！哈哈哈……”

随着一阵令人毛骨悚然的笑声，黑巫师一下子消失了。

苏博士、嘉嘉和橙橙一起捧着永生花，注视着它继续散发温柔而灿烂的光芒。

春日阳光明媚，苏博士躺在实验室的摇椅上，悠闲地看着书，嘉嘉和橙橙则在一旁的玻璃实验室里专心致志地做着实验。而她们历尽千辛万苦带回来的永生花，已经重新放回了玻璃展柜里。

不一会儿，橙橙完成了自己的实验，开心地来到苏博士跟前，打趣道：“苏博士，我和嘉嘉都忙得不可开交，您怎么在这里偷懒啊？”

“呵呵呵，有你们这些热爱科学的小科学家在，我才能忙里偷闲啊！”苏博士笑着说，“对了，这本《科学少年奇遇记》真的很有意思，推荐给你和嘉嘉。”

这时，嘉嘉也完成了实验，过来加入了他们的对话。“苏博士，我有一个疑问。”她说，“您和

黑巫师都这么看重这朵永生花，我们到底怎样才能发挥它的力量呢？”

苏博士说：“嘉嘉、橙橙，你们跟我来。”苏博士带两个女孩来到永生花展柜前，神情严肃地说，“永生花，是知识，是精神，是希望，更是人类对一切未知的探索欲。没有它，科学就会止步不前，人类也就无从进步。来，你们仔细看看这朵花。”

展柜里的永生花和往常一样散发着温柔而灿烂的光芒，让人忍不住惊叹。可是渐渐地，永生花的花瓣开始一片一片凋落，花瓣消失的瞬间化为萤火虫般的亮点，逐渐上升、上升……

橙橙惊慌地说："苏博士，怎么办？快想想办法啊！"

嘉嘉也很着急："不会又是黑巫师干的吧？"

苏博士并没有惊讶，也没有慌张，他平静地说："花总有凋谢的一天，永生花也不例外啊！"

"永生花代表的是科学的力量啊，没有了它，科学还能进步吗？"橙橙满脸疑惑。

"花会凋谢，可是有一样东西却永远不会凋谢……"苏博士缓缓地说。

"我明白了，"嘉嘉说，"您是指永生花代表的科学精神永远不会凋谢，对吗？"

"完全正确！"苏博士欣慰地说，"永生花所代表的科学探索的精神，已经找到了新的承载——就是你们这些热爱科学的小朋友。有了你们，科学的力量就会永远传承下去，这就是永生花当初存在的意义啊！"

橙橙和嘉嘉顿时感到肩上有了新的压力，但这压力也是不畏艰难、勇往直前、不断探索和钻研的动力。

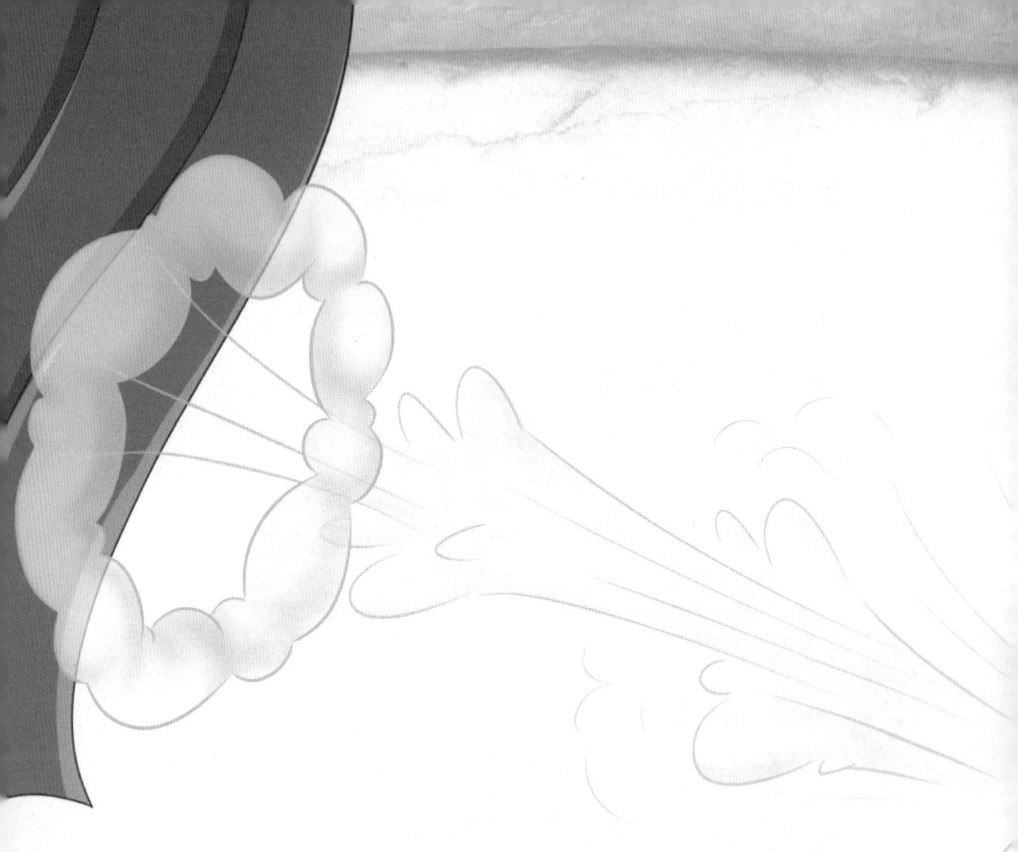

“来吧，嘉嘉和橙橙，看看我的新发明。”苏博士笑着说，“我可没有一直偷懒哦！”

苏博士拉开面前的一块红布，一架小型“大炮”出现在眼前：“这是我最新发明的空气炮，你们想感受一下它的威力吗？”

“想！”嘉嘉和橙橙兴奋地举起了双手。

3——2——1，发射！

一个巨大的空气涡流从炮口喷出，一直喷到了苏博士新挂的门帘上，门帘开始晃动起来。

“太棒了！”两个女孩惊讶地叫起来。

“苏博士，以后我也要做像您这样的科学家，想出许许多多有趣的发明！”橙橙激动地说。

“我也是！”嘉嘉也说。

“我希望未来的你们能够做得比我更出色！世

界的未来就在你们手中，请你们一定好好守护心中的那朵永生花！”

“永生花——勇于探索，坚持不懈！”嘉嘉和橙橙大声而坚定地喊道。

勇于探索，坚持不懈——永生花所代表的科学精神，你们记住了吗？

加油吧，所有热爱科学的少年！

苏博士的小课堂

空气炮

苏博士的空气炮利用的是流体力学的原理。空气炮的炮口是一个圆

环，比底部的圆要小，所以当空气炮中的空气被挤压出去时，中间的空气流速快，而边缘的流速慢，空气就会在空气团的边缘高速旋转，形成一个涡环。可别小瞧它，因为涡环里储存了很多能量且不容易散溢，所以它能够稳定地保持原来的形状并飞行很远。

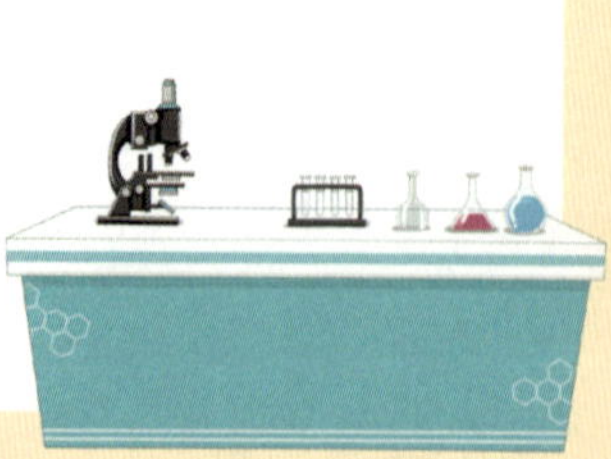

恭喜你，与勇敢机智的嘉嘉和橙橙携手并进，成功解锁了18个科学实验的神秘关卡，正式成为令人钦佩的科学少年！现在，让我们搭乘记忆的时光机，一同回味这段充满挑战与惊喜的科学冒险之旅吧！

起点
激光炫舞
漫天飞球
悬空顶球
召唤电精灵
力大无穷
火焰掌
大象牙膏
炫彩火焰

冰裂玫瑰
砰砰炮
疯狂转球
魔法之光
消失的火焰
隔空碎杯
max
max 砰砰炮
会唱歌的光
冲天蘑菇云
天使飞环

科学少年，知识宝库已为你敞开大门，快来查收这份属于你的智慧宝藏吧！

❶ 在同等、均匀介质中，光是否沿直线传播？

❷ 人体能导电吗？

❸ 液氮的沸点是多少？

❹ 苏博士的液氮动力球为什么能越转越快？

❺ 苏博士的液氮动力球加入液氮后球外部结了一层白霜，这层白霜是什么？

❻ 嘉嘉借助什么把玻璃杯振碎了？

❼ 声音是否具有能量？

❽ 在太阳照射下，穿着黑色还是白色的衣服感觉更热？

❾ 激光为什么能够击破黑色的气球？

❿ 为什么沙滩球会悬浮在空中？

⓫ 在小丑骑士的力量挑战中，两本书为什么没有被分开？

⓬ 在小丑骑士的勇气挑战中，嘉嘉和橙橙的手为什么不会被火烧伤？

⑬ 在小丑骑士的惊吓挑战中，两杯液体倒入烧杯后，为什么会冒出“怪物”？

⑭ 嘉嘉和橙橙如何制造出了五彩火焰？

⑮ 嘉嘉和橙橙是如何制造巨型云雾的？

⑯ 为什么气压炮能击穿乒乓球拍呢？

⑰ 苏博士借助什么实现了隔空传递声音？

⑱ 天使飞环靠什么动力前进？

后 记

《科学少年奇遇记》一书顺利出版，是我们向广大读者交出的一份沉甸甸的答卷。此刻，回望整个创作与出版的历程，我们心中既承载着厚重的责任感，又洋溢着难以言表的喜悦与成就感。

创作过程中，我们面临了前所未有的挑战与考验。如何将那些深奥复杂、晦涩难懂的科学原理，巧妙地融入引人入胜的故事情节中，让读者在享受阅读乐趣的同时，也能轻松掌握科学知识？如何设计出既安全有趣又富有教育意义的科学实验，让读者在动手实践中感受科学的魅力？如何在保证作品科学性的前提下，不断提升其艺术性与可读性，使之更加贴近读者的心灵与审美需求？这些问题始终萦绕在我们心头，成为我们不断前行、不断探索的动力源泉。

为了解答这些问题，我们付出了巨大的努力与心血。我们反复推敲剧本，精益求精，不断优化故事情节与角色设定，力求每一个场景、每一次对话都充满趣味性与教育性。同时，我们还精心设计了多个科学实验，确保它们既安全可靠又富有创意，能够充分激发读者的好奇心与探索欲。在创作过程中，我们始终坚持“寓教于乐”的原则，力求在科学与艺术之间找到完美的平衡点。

最终，我们成功推出了这部集“科普戏剧”与“科学实验秀”于一体的佳作——《科学少年奇遇记》。这部作品不仅观赏性强、娱乐性强，更蕴含着丰富的科学知识与深厚的科学家精神。它像一座桥梁，连接着科学与公众的心灵；它像一把钥匙，打开了通往科学世界的大门。我们衷心希望，通过这部作品，能够点燃公众尤其是青少年对科学的热情与兴趣，培养他们的科学思维与创新能力，为我国的科普事业贡献一份力量。

在此，我们要向所有参与本书创作与出版的工作人员致以最诚挚的感谢，是你们的辛勤耕耘与无私奉献，让这本书得以顺利问世。同时，我们也要衷心感谢广大读者对本书的厚爱与支持。你们的宝贵反馈与建议是我们持续改进与不断前行的强大动力。正是有了你们的支持与鼓励，我们才能够在科普的道路上越走越远、越走越坚定。

展望未来，我们将继续致力于科普工作的创新与发展。我们将不断探索更多元化的科普形式与内容，以满足不同读者的多样化需求与期待。我们相信，在全社会的共同努力下，我国的科普事业必将迎来更加辉煌灿烂的明天。让我们携手并进、共创未来，共同为提升全民科学素质、推动科技进步贡献我们的智慧与力量！

《科学少年奇遇记》演出精彩时刻

科学少年奇遇记
大型原创励志科普剧